Género Ficción realista

Pregunta esencial
¿Qué hacen los buenos ciudadanos?

Un teatro para todos

Sabrina Herreros
ilustrado por Michelle López

Capítulo 1

Un galpón sin uso

Todas las mañanas, Dakota iba muy contenta a la escuela. Ella cursaba el segundo grado. Tenía muchos amigos y sus maestros eran muy buenos.

Su escuela era hermosa. El único lugar que no se habitaba era el galpón. A Dakota le daba mucha pena que ese lugar estuviera en desuso porque era un espacio que no se utilizaba para nada. Era muy amplio pero estaba muy desordenado y sucio.

Un día, Dakota le preguntó a la maestra si podían ir al galpón abandonado. La maestra, asombrada por la propuesta de Dakota, le preguntó:

—¿Para qué deseas ir al viejo galpón? Hace mucho tiempo que no se usa.

—Me gustaría ver si se puede arreglar. Quizás podríamos usarlo para algo útil —dijo Dakota.

—¡Esa idea es fantástica, Dakota! —dijo la maestra—. ¡Iremos todos juntos, hoy mismo!

Dakota era muy estudiosa y aplicada. Leía mucho y le gustaba ir al cine con su familia. Pero lo que más apreciaba era ir a la ciudad vecina para ver obras de teatro. También le gustaba mucho ayudar a la gente y hacer cosas útiles para la comunidad. Por eso siempre tenía ideas que beneficiaban a todos.

Mientras recorrían el galpón a Dakota se le ocurrió algo:

—¡Ya sé! Podemos convertir este lugar en un gran teatro. ¿Quién quiere participar de este proyecto? —le propuso a sus compañeros.

—¡Yo! —dijo uno.

—¡Yo! —dijo otro.

—¡Yo! ¡Yo! —dijeron otros. Todos estaban de acuerdo y querían trabajar con Dakota. La maestra se sonrió y dijo "yo", mientras levantaba la mano. Estaba dispuesta a acompañar a sus estudiantes en esa hermosa iniciativa.

Entonces, Dakota y la maestra fueron a hablar con el director de la escuela para contarle la idea de Dakota. Él tendría que dar el permiso para llevar adelante ese proyecto.

Capítulo 2

Nace un proyecto

El director de la escuela estaba muy ocupado con sus tareas administrativas. Cuando Dakota y la maestra llegaron, las atendió con mucha amabilidad. Su prioridad eran los niños.

El director escuchó con atención a Dakota y estuvo de acuerdo. La idea de convertir el galpón en un teatro le pareció genial.

Entonces, el director sacó del anaquel de su armario una carpeta muy grande.

La carpeta tenía muchos planos de diferentes espacios de la escuela. De allí podrían obtener datos de sus instalaciones y las verdaderas dimensiones del espacio disponible.

—Dakota, eres muy buena estudiante. Tus compañeros estarán muy agradecidos con esta iniciativa —dijo el director.

—¡Muchas gracias! —dijo Dakota emocionada.

—Ahora veremos cómo podremos combinar las tareas. Haremos de este espacio un lugar útil y maravilloso para todos los vecinos —agregó el director entusiasmado.

Entonces el director decidió reunir a los padres, estudiantes y maestros de la escuela para compartir la propuesta y escuchar más ideas.

Al día siguiente, los padres, maestros y estudiantes se reunieron en la escuela. Todos estaban muy entusiasmados con la idea de trabajar para mejorar el lugar.

En la reunión, todos opinaron e hicieron diferentes ofrecimientos. Se decidió que el galpón sería trasformado en un gran teatro. Había muchos niños de la escuela que nunca habían ido al teatro. El pueblo donde vivían no tenía ninguno, por eso todos estuvieron de acuerdo con la idea.

Algunos padres obsequiaron muebles y pinturas. Otros hicieron distintas donaciones. Las responsabilidades estaban repartidas.

Capítulo 3

Manos a la obra

Toda la comunidad educativa se comprometió con el trabajo. Los padres se pusieron manos a la obra. Primero limpiaron el galpón. Algunos se encargaron de reparar el techo y pintar las paredes. Otros consiguieron más donaciones.

Había que montar un verdadero teatro. Con dos grandes tablas construyeron el escenario. Un grupo de padres cosieron las cortinas y el telón. Los maestros de dibujo guiaron a un grupo de estudiantes para pintar murales. También dejaron un muro libre para exponer los dibujos de los estudiantes.

La maestra de español preparaba una obra de teatro con aquellos estudiantes a los que les gustaba la actuación. La obra estaría lista para el día de la inauguración. Todo estaba muy organizado. Faltaba muy poco para poder inaugurar la sala. El espacio había dejado de ser un galpón abandonado.

Trabajaron mucho durante un mes. Los sábados y domingos también iban a la escuela.

Todos tuvieron la posibilidad de participar del proyecto y tendrían derecho de utilizar la sala de teatro de la escuela. Esto llenaba de orgullo a todos ellos.

Detective del lenguaje | **En la oración subrayada, ¿cuál es el pronombre personal?**

Capítulo 4

¡Comienza la función!

Dakota y sus amigos habían ensayado mucho para la obra. Faltaba poco para el estreno. Solo tenían que terminar con algunos detalles de vestuario. La escenografía estaba lista.

Los estudiantes de quinto grado se encargaron de repartir las entradas y los de cuarto grado armaron los programas.

Llegó el día del estreno. La sala estaba llena. No faltaba nadie. Asistieron todos los estudiantes con sus padres. Tampoco faltaron los maestros. Había tanta gente que algunos quedaron sin butacas. Las butacas, en realidad, eran sillas. Habían quedado muy bien. Nadie quería perderse la obra.

Actores, vestuario, iluminación, sonido, música y la maestra de español estaban listos para que se abriera el telón. La puesta en escena fue un éxito total. El público aplaudía mucho al final de cada acto. Cuando terminó la obra, todos aplaudieron de pie.

Dakota y sus amigos se abrazaron detrás del telón. Estaban muy contentos.

Todavía la sorpresa no había terminado. El director de la escuela subió al escenario y dijo unas palabras:

—Gracias a ustedes por haber participado de esta tarea tan importante para nuestra escuela —dijo muy emocionado—. Quiero hacer también un reconocimiento especial a una estudiante que se merece un gran aplauso. Ella fue quien propuso la idea de transformar este lugar. Es Dakota, y es una alumna de segundo grado. Este lugar era un galpón abandonado y desde hoy será el teatro de la escuela.

El director no pudo seguir hablando porque todos volvieron a aplaudir. El teatro estaba inaugurado.

Detective del lenguaje	**En la oración subrayada, ¿cuál es el pronombre personal?**

Desde aquel día, Dakota solo pensaba en una cosa: "Me encanta actuar". Entonces, le preguntó a sus padres si podía estudiar teatro con la maestra Lorca.

No sabía si sería una gran actriz, pero sí sabía que cuando fuera grande, trabajaría en un teatro.

Respuesta a la lectura

Resumir

Usa detalles como ayuda para resumir *Un teatro para todos.*

Personaje	Pista	Punto de vista

Evidencia en el texto

1. ¿Cómo sabes que *Un teatro para todos* es un cuento de ficción realista? **GÉNERO**

2. En la página 3, ¿por qué le pide Dakota a la maestra ir al galpón abandonado? **PUNTO DE VISTA**

3. Busca una palabra terminada en *-ción* en la página 6 y usa lo que sabes de sufijos para deducir su significado. **SUFIJOS**

4. Escribe sobre la idea de Dakota de usar el galpón para convertirlo en un teatro. Indica detalles de su punto de vista. **ESCRIBIR SOBRE LA LECTURA**

Género Narrativa de no ficción

Compara los textos

Lee sobre cómo las personas marchan para ayudar a otros.

Marcha por la libertad

Colton Lockner tenía solo cuatro años de edad el 11 de septiembre de 2001. Cuando cumplió nueve años escuchó hablar sobre las Marchas por la libertad "Estados Unidos te apoya". Estas marchas se realizan para recordar a las víctimas del ataque del 11 de septiembre y para honrar a las tropas estadounidenses.

Datos de la Marcha por la libertad

Se han organizado Marchas por la libertad en muchos estados, como California, Michigan y Virginia. También se realizan en el extranjero.

Hay hijos de soldados estadounidenses que van a la escuela en otros países. Algunas de esas escuelas organizan marchas.

Cuando Colton escuchó hablar sobre las marchas por primera vez, su tío estaba en Irak. Colton sintió un gran deseo por apoyar a las tropas estadounidenses y a las víctimas del 11 de septiembre.

Colton quería que se realizara una Marcha por la libertad en su escuela. El director estuvo de acuerdo en que era una gran idea.

En 2005, los ciudadanos marcharon a Washington D. C. para honrar a las tropas estadounidenses y a las víctimas del 11 de septiembre.

Al poco tiempo, más gente se enteró de la marcha y se volvió un proyecto comunitario. Colton esperaba que unas 75 personas marcharían en su ciudad natal de Sebring, Ohio, ¡pero llegaron 2,000! Colton aún lidera las marchas en Ohio.

Haz conexiones

¿Cómo demuestran las acciones de Colton que él es un buen ciudadano? **PREGUNTA ESENCIAL**

¿En qué se parecen Colton y Dakota? **EL TEXTO Y OTROS TEXTOS**

Enfoque:

Estudios Sociales

Propósito Aprender sobre trabajos que involucren ayudar a los demás

Paso a paso

Paso 1 Elige un trabajo en el que una persona ayude a otras. Escoge un miembro de tu familia o un trabajador de la escuela que haga ese trabajo y entrevístalo.

Paso 2 Haz preguntas como estas:

1. ¿Cómo ayudas a otros en tu trabajo?
2. ¿Qué tipo de entrenamiento necesitas tener para tu trabajo?
3. Cuéntame sobre una ocasión en que hayas ayudado a alguien.

Paso 3 Informa a la clase lo que has aprendido. Comenta si estarías interesado en hacer este trabajo y por qué.